AF244752

I 27 n
24625

NOTICE

SUR

M. l'Abbé Jean-Baptiste LELEU

CHANOINE-TITULAIRE, VICAIRE-GÉNÉRAL ET ANCIEN SUPÉRIEUR
DU GRAND SÉMINAIRE DE CAMBRAI,

PAR

M. l'Abbé C. J. DESTOMBES,

Chanoine-honoraire, Supérieur de l'Institution Sains-Jean,
à Douai.

LILLE
IMPRIMERIE A. BÉHAGUE, RUE DE PARIS, 17.
1868.

NOTICE

SUR

M. l'Abbé Jean-Baptiste LELEU.

C'est pour répondre à un désir général et bien légitime que nous publions cette Notice, trop peu détaillée sans doute, sur M. l'abbé Jean-Baptiste Leleu, chanoine titulaire, vicaire-général, ancien supérieur du grand Séminaire de Cambrai, qu'une mort précieuse devant Dieu vient d'appeler à la récompense.

Le nombre considérable de ses amis et des prêtres qu'il a formés à la vie sacerdotale, la part importante qu'il a eue longtemps dans l'administration diocésaine, les rapports avantageux et agréables qu'il a toujours entretenus avec la plupart des membres du clergé, les douleurs enfin et les infirmités qui ont couronné les dernières années d'une vie déjà riche en mérites pour le ciel, tout nous persuade que ce travail, si imparfait qu'il soit, sera favorablement accueilli.

M. Jean-Baptiste Leleu naquit le 9 mai 1802, à Auchy, d'une famille chrétienne et très-honorablement connue dans tout le pays. Son père, instituteur et maître de pension, jouissait d'une grande considération, méritée par ses qualités personnelles non moins que par ses services rendus dans l'œuvre de l'éducation de la jeunesse. Renouvelée en quelque sorte et encore embellie par une nombreuse génération, cette famille à laquelle s'attachaient tant d'affections et d'intérêts, voyait grandir dans son sein huit enfants unis par les liens de la plus tendre affection. Dans les desseins de la Providence, les trois aînés des quatre frères étaient destinés au service des autels. Le dernier, beaucoup plus jeune, dirigea avec succès jusqu'à sa mort le pensionnat d'Auchy, longtemps florissant grâce au concours dévoué du clergé. Tous ensemble croissaient et se formaient sous la vigilance d'un père, sévère quelquefois, toujours sage, et dont les exemples et les leçons marquaient d'une profonde empreinte l'esprit et le cœur de ses dociles enfants.

Le jeune Jean-Baptiste Leleu surtout reçut cette empreinte de l'éducation paternelle, et elle se reproduisit aussi d'une manière plus complète dans son caractère et dans toute sa conduite. Sur des proportions plus étendues, et dans un but plus relevé encore et plus saint, lui-même appliquera plus tard, pendant vingt-quatre ans, aux élèves du sanctuaire, ces formes austères et tendres tout à la fois, qui donnaient à sa direction un cachet éminemment sacerdotal et paternel.

L'enfance de M. Leleu est peu connue; ou plutôt elle l'est suffisamment de tous ceux qui savent ce qu'était, au commencement de notre siècle, un intérieur véritablement religieux. Les grands évènements militaires qui s'accomplissaient bruyamment au sein de l'empire et dans les autres contrées de l'Europe, agitaient les esprits; mais la pensée chrétienne, dans les familles qui avaient eu le bonheur de la conserver, restait toujours vivace et profonde. C'est dans cette atmosphère de soumission, d'innocence et de piété que s'écoula l'enfance et la première adolescence de notre cher et vénéré défunt.

A quinze ans et quelques mois (octobre 1817), il se présentait au Petit-Séminaire pour y continuer le cours déjà avancé de ses humanités. Il demandait à entrer, et fut admis en effet, dans la classe de troisième. Plusieurs des anciens dans le sacerdoce se souviennent encore de l'arrivée à Cambrai du tout petit séminariste, au caractère éveillé, franc, parfois sérieux, pétillant d'esprit et de gaîté, répandant par d'innocentes malices la joie la plus franche autour de lui. Tout contribua, même son petit costume assez original, à attirer les regards sur ce nouveau-venu : son apparition fut comme un évènement dans cette maison, où s'agitait pendant les récréations une jeunesse nombreuse et épanouie, étrangère à tous les bruits du dehors. Les cœurs furent ainsi promptement gagnés au petit séminariste, ami de l'entrain, du rire et de l'étude, surtout de la piété, et tous l'aimaient comme le plus agréable condisciple avant même d'avoir pu l'apprécier et l'admirer comme l'un de leurs plus brillants concurrents.

Les trois années consacrées à l'étude des belles-lettres et de l'éloquence portèrent les fruits que permettaient d'attendre des dispositions heureuses bien cultivées. Dans les compositions du jeune étudiant on remarquait surtout la précision, la correction et une élégante simplicité. Ces qualités, déjà développées dans le rhétoricien de dix-huit ans, se manifestèrent sous une nouvelle forme et d'une manière non moins sensible pendant l'année de philosophie. M. Leleu apportait à l'examen des questions les plus abstraites une sagacité étonnante et une grande pénétration. Son esprit droit, absolu, naturellement rigoureux, savait saisir les déductions et les conclusions dernières d'un raisonnement philosophique avec une précision qui laissait rarement place à la réplique.

Même clarté, même logique dans ses réponses et ses compositions pendant tout le temps consacré à l'étude de la théologie. Le futur professeur se révélait dans le modeste étudiant, et cette aptitude re-

marquable, qui frappait les condisciples non moins que les maîtres,
explique la nomination si prompte du jeune prêtre de vingt-sept ans
à la chaire de théologie dogmatique.

Auparavant, plusieurs années devaient s'écouler encore, et elles
nous présentent M. Leleu dans deux positions différentes, bien dignes
déjà de fixer l'attention.

Trop jeune pour recevoir la prêtrise, l'étudiant en théologie fut
désigné pour la chaire de troisième au Petit-Séminaire (1824). Cette
confiance fut justifiée. Le professeur, à son début, montra tout
d'abord une fermeté douce et calme, qui établit son autorité et lui
concilia la confiance affectueuse de ses élèves. En même temps il
déploya modestement à leurs yeux, dans les explications et les cor-
rections de devoirs, les connaissances solides et variées qu'il avait
acquises. Le sens pratique qui le distinguait lui avait fait comprendre
toute l'importance de cette classe de troisième, qui achève, pour ne
plus guère la reprendre, l'étude si essentielle des principes et donne
la meilleure garantie de succès dans les compositions en prose et en
vers des classes suivantes. Un écueil était à éviter : c'était de se
laisser entraîner par les ardeurs d'une imagination vive et riante,
qui eut pris facilement et volontiers son essor, mais au préjudice d'un
enseignement plus élémentaire et plus fondamental. Par discernement
autant que par vertu, le jeune maître, presque abandonné à lui-
même, sut se tenir en garde contre ces faciles entraînements, et
dominant ses goûts personnels pour ne chercher que le bien de ses
élèves, il prit et reprit, avec une patience qui ne se démentait jamais,
les éléments les plus arides. C'est par cette préparation consciencieuse
et intelligente de sa classe que M. Leleu, en même temps qu'il for-
mait de bons humanistes, se perfectionnait lui-même dans la belle
latinité et ajoutait un nouveau lustre aux brillantes études littéraires
qu'il avait faites dans sa famille et au Petit-Séminaire. Cet enseignement dura trois ans, pendant lesquels, contre toute attente, il
fallut conduire ces mêmes élèves presque jusqu'à la fin de leurs études
classiques. Du moins, l'impérieuse nécessité des circonstances fut
ici compensée, autant qu'elle pouvait l'être, par l'habileté et le dé-
voûment du professeur, qui, dans ce trop court laps de temps,
trouva encore moyen de donner les plus solides leçons de poésie et
de composition oratoire.

A cette époque (1827), M. Leleu, ordonné prêtre depuis un an, fut
nommé curé à Elincourt. Ses deux frères, MM. Alexandre et Charles,
déjà vicaires, recevaient le même jour une semblable nomination.
Et Mgr Belmas, avec son aimable et spirituel sourire, disait :
« *Aujourd'hui de mes trois loups* (Leleu) *j'ai fait trois pasteurs.* »

Le nouveau curé était jeune et sans expérience, mais il avait, pour
suppléer à l'insuffisance des années, une grande maturité d'esprit et
cette sage défiance qui est elle-même comme une expérience anti-
cipée. Aussi charma-t-il, dès les premiers jours, ses bien-aimés
paroissiens par un reflet de vertu qu'on lisait sur ses traits et par
l'assemblage heureux des plus belles qualités. Surtout on admirait

en lui la prudente condescendance , qui concilie l'affection et le respect sans rien ôter à l'autorité , le désintéressement qui devient
presque largesse et libéralité même dans les postes les plus humbles
et avec les ressources les plus restreintes , une simplicité toujours
digne que l'homme de la campagne sait apprécier et qui le fait
répondre par la confiance à cette familiarité de bon ton qui va à son
cœur. Tel était M. Leleu : dans son presbytère, dans son église ,
auprès d'un malade ou chez un confrère , c'était toujours l'homme du
devoir, du zèle , de l'hospitalité , de la franche et charmante gaîté.
Ici il faudrait en appeler aux souvenirs déjà anciens et toujours pré-
sents néanmoins des habitants de la paroisse d'Elincourt. Ils nous
rappelleraient les traits les plus touchants de ce ministère pastoral
sitôt interrompu , et nous expliqueraient ainsi les regrets qui écla-
tèrent dans chaque famille au jour du départ précipité de leur excel-
lent curé.

M. Leleu était , en effet, appelé à occuper la chaire de théologie
dogmatique au grand Séminaire. Cette nomination nous reporte à
l'année 1829.

Tous ceux qui ont suivi ses classes sont unanimes à reconnaître
les grandes qualités qui le distinguaient. Sa parole était claire , mé-
thodique , solide et agréable : un peu plus d'assurance dans les déci-
sions morales et pratiques , ont dit quelques-uns , et le professeur de
vingt-sept ans eut été accompli. Or, cette qualité que l'âge et une
juste défiance de ses lumières ne pouvaient lui donner alors , on sait
à quel degré il la posséda bientôt , et quelle confiance apportait son
jugement dans la discussion des questions les plus délicates et les
plus difficiles.

Les plus pures doctrines de l'Eglise romaine étaient par lui exposées
et défendues avec un accent de foi qui pénétrait les cœurs et impri-
mait à son enseignement un caractère éminemment sacerdotal. Obli-
gés alors , par les nécessités pressantes du ministère , de circonscrire
dans l'espace de deux années leur cours de théologie , les élèves
trouvaient du moins dans ces classes substantielles , attrayantes et
religieusement suivies, le goût et l'amour des études ecclésiastiques.
Tous étaient satisfaits de l'enseignement de M. Leleu : lui seul ne
l'était pas, ne l'était jamais. Toujours sa pensée désirait et cherchait
un exposé doctrinal qui répondît plus complètement à l'idéal que
créait son esprit avide de précision , d'exactitude et de clarté.

Un autre désir agitait son cœur, et il importe de le faire connaître
ici, parce qu'il explique, mieux que ne pourraient le faire nos paroles , une certaine rigidité de conduite remarquée surtout à cette
époque. M. Leleu songeait sérieusement à s'enfermer au couvent de
la Trappe , pour y terminer ses jours dans la solitude, le silence et
la prière. Il y eut alors une lutte pénible et prolongée dans cette âme
dévouée à Dieu, et telles étaient ses aspirations vers cette vie de
renoncement absolu et de pénitence , que plus d'une fois à l'autel ses
larmes coulèrent avec abondance , quand la parole d'un directeur

vénéré venait s'opposer à une résolution qui lui paraissait être le conseil de Dieu.

Le conseil de Dieu se réalisa par l'épreuve même qu'il permettait. Elle servit à épurer et prépara plus complètement encore à sa grande et spéciale mission le jeune prêtre et professeur de trente-un ans, en qui se confondaient alors et se produisaient tour-à-tour les cordiales effusions de la gaîté et les habitudes austères de la vie monastique.

Ce fut, en effet, au milieu de ces agitations intérieures que M. Leleu fut nommé supérieur du grand Séminaire (1833). Elevé à la dignité de vicaire-général par Mgr Belmas, M. Delautre transmettait, par son ordre et avec bonheur, à son dévoué collaborateur et ami, la conduite d'un des plus importants séminaires de France, que lui-même avait éclairé de sa science, édifié de ses vertus et sagement dirigé plusieurs années.

Le nouveau supérieur, en entrant en fonction, resta quelque temps encore sous l'influence des idées de retraite absolue qui le dominaient. Le sentiment du devoir pouvait bien leur imposer silence, mais non changer subitement les habitudes sérieuses, presque sévères, qui en avaient été la suite. De là, dans l'ensemble de la conduite, une sorte d'austérité dont le principe n'était plus un secret et que le temps devait insensiblement modifier. Il est regrettable que des causes extérieures aient alors retardé ce retour à l'épanouissement naturel du caractère, en créant une situation délicate, embarrassée, surtout par suite d'une influence fâcheuse et qu'il était difficile d'écarter.

Ces temps sont loin de nous et il serait inopportun de les rappeler. S'ils ont pu amener un jour critique pour M. Leleu, ce jour passa vite et tout s'apaisa. Puis, quand Mgr Belmas, au mois d'octobre 1838, bénit solennellement la chapelle du nouveau grand Séminaire, rendu à son ancienne destination, tous les cœurs comme tous les yeux furent réjouis en voyant le digne supérieur revêtu des insignes de chanoine honoraire. Cette distinction, qui répondait aux désirs de tout le clergé du diocèse, fut en même temps le témoignage public d'une confiance qui ne varia plus guère jusqu'à la mort du vénérable Evêque.

L'arrivée de Mgr Giraud, après que l'Eglise de Cambrai eût été rendue à son ancienne dignité de métropole, est une époque mémorable dans l'histoire du diocèse. Pour un grand nombre et à beaucoup d'égards, elle devint comme le principe d'une existence nouvelle. Elle plaça en particulier M. Leleu dans une condition en parfaite harmonie avec son caractère et ses sentiments, et donna par là même à ses talents, à ses aspirations, nous dirions presque à ses qualités, un développement plus complet et plus éclatant.

Dès les premiers jours la confiance de l'illustre Archevêque fut acquise au supérieur de son grand Séminaire, qui en recevait, de sa bouche même, la manifestation la plus flatteuse : le Prélat l'appelait dans les conseils de son administration diocésaine. Il lui demandait le concours de ses lumières et de son expérience, et celui non moins précieux de sa connaissance parfaite d'un clergé dont plus de douze générations déjà avaient reçu ses enseignements et sa direction. Cette confiance eut l'effet qu'elle produit toujours sur un noble cœur et une intelligence élevée : elle donna la confiance. Et dès lors cette âme franche, gaie, sérieuse, recouvra toute sa liberté, son expansion et ses charmes sympathiques jusque dans leur sévérité.

Hâtons-nous de le dire, cependant, quoiqu'on ne puisse se méprendre sur notre pensée ; bien d'autres causes contribuèrent à produire cet heureux résultat, et elles se rattachent plus intimement encore à la vie si éminemment sacerdotale de notre cher défunt.

Alors, en effet, commencèrent à s'épanouir sous ses yeux, dans le séminaire et au dehors, ces dévotions et ces pratiques religieuses, toujours chères à l'Eglise et si propres au développement de la piété. Ce spectacle, que sa conduite avait préparé plus que ne voulait le reconnaître sa modestie, ce spectacle le réjouissait en même temps qu'il rappelait à tous des jours doux même dans leur amertume. Son cœur aussi, tout dévoué à l'autorité infaillible du Successeur de Pierre, tressaillait d'une sainte allégresse en affirmant hautement et entendant affirmer les plus pures doctrines de l'Eglise romaine avec un retentissement qui n'eut pas été sans témérité à une autre époque. Des missionnaires, séculiers et réguliers, commençaient à paraître, comme au siècle précédent, au milieu des populations avides de les entendre et où leur parole brûlante, onctueuse et sagement contenue, allait remuer profondément les âmes. Un jubilé pour l'Espagne, déjà malheureuse à cette époque (1842), était prêché dans toutes les paroisses du diocèse, alors témoin de manifestations religieuses impossibles à décrire. L'Esprit de Dieu soufflait de toutes parts sur ce grand corps de l'Eglise de Cambrai, et la présence de ces apôtres dont les pas sont bénis parce qu'ils portent partout la paix, la consolation, le bonheur, faisait naître, germer et se produire en tous lieux les vocations religieuses, les œuvres charitables, les dévoûments et les sacrifices de toute nature. Le séminaire, séjour délicieux pour un cœur vraiment ecclésiastique, était beau, alors surtout que s'y développait et s'y propageait en toute liberté la flamme du zéle le plus ardent et le plus pur.

C'était véritablement comme une vie nouvelle qui pénétrait partout par l'enseignement, par la prédication apostolique, par les saintes habitudes et toutes les manifestations de la piété. Une sève plus vigoureuse, plus abondante reprenait dans le corps sacerdotal son cours quelque temps comprimé. Tout présentait un aspect nouveau ; et ce changement fut prompt, sans secousse et sans obstacle, parce qu'il répondait à une attente, et on peut le dire, à un besoin général des élèves et des maîtres. Il répondait surtout aux aspirations les plus vives de M. Leleu, dont la direction, encore embarrassée après neuf années d'exercice, trouvait enfin son libre essor.

C'est donc à cette époque de sa vie qu'il faut le considérer de préférence , pour juger le caractère de cette direction, et apprécier ainsi le principal mérite devant Dieu et devant l'Eglise de cet homme éminemment habile dans l'art de préparer les âmes au sacerdoce. Essayons d'en esquisser quelques traits où se révèle le plus son esprit de foi , d'abnégation et de dévouement.

Comme tout supérieur digne de porter ce nom, M. Leleu offrait dans sa conduite même la première règle de direction : l'exemple. Ainsi que l'avait fait le Sauveur, il pratiquait d'abord , puis il enseignait. Partout et toujours se manifestait dans ses actes cette régularité simple et constante, qui est comme le cachet des vertus réelles et solides. A la première comme à la dernière heure du jour, il accomplissait sous les yeux de ses élèves, avec un sentiment de religion profond., les différents exercices qui sanctifient la journée sacerdotale.

Puis rendu à lui-même , à ses élèves ou à ses occupations personnelles, le supérieur continuait, par un travail bien ordonné, sérieux et pratique, d'utiliser tous les instants d'un temps trop souvent interrompu. Quelques volumes des commentateurs de l'Ecriture-Sainte ouverts sur son pupître , et le texte sacré dans ses mains , M. Leleu se promenait de longues heures dans sa chambre , puisant toujours à cette source de doctrine et y recueillant ces richesses que quelques jours plus tard il répandait à flots sur les séminaristes ravis. Travail actif et sans empressement, utile et sans stérile curiosité, religieux surtout et devenant pour l'âme, ainsi que les exercices de piété eux-mêmes, un aliment de grâce et de sanctification. Ainsi se présentait aux yeux de tous les élèves, qui l'aimaient et le vénéraient , ce pasteur devenu, par son amour de Dieu et du devoir, un modèle accompli pour son troupeau, *forma facti gregis ex animo*. Quelques aperçus particuliers sur sa direction proprement dite donneront quelque chose de moins incomplet à ce tableau.

Cette direction avait sa partie qu'on peut appeler générale et publique : elle s'appliquait à toute la communauté réunie pour un exercice régulier. C'est là que, dès les premiers jours de l'année, dans des explications précises et bien pénétrées de l'esprit ecclésiastique , M. Leleu faisait connaître, apprécier, goûter même ce règlement du séminaire, qui est toujours la meilleure règle de conduite du ministre de Jésus-Christ. Importance de la sanctification des premières heures de la journée, application consciencieuse aux différentes études prescrites par le devoir et éloignement des curiosités superflues ou dangereuses , charité, convenance et affabilité dans les rapports mutuels , attaque vigoureuse des défauts, des inclinations , des habitudes par l'assujettissement chrétien de la volonté et des sens à Dieu , principe et fin de toute règle , ces développements , sous mille formes variées et agréables, venaient tour à tour convaincre, exciter, je dirai presque récréer les élèves du séminaire. Cette explication si substantielle du règlement durait longtemps et finissait toujours trop tôt.

Des points d'une importance spéciale y avaient été signalés et ils devenaient bientôt la matière de lectures spirituelles choisies aux meilleures sources. Puis , quand ces lectures , comme une rosée douce et fécondante , avaient profondément pénétré les âmes, le sage supérieur, pour aider encore ce travail intérieur et en assurer les fruits, traçait à grands traits et d'une manière vigoureuse et saisissante , l'enchaînement de ces considérations saintes qui prenaient alors, sous son accent convaincu, comme le caractère d'une démonstration irréfutable.

Cette parole ferme, pénétrante, tranchante quelquefois, plaisait même aux âmes qu'elle saisissait le plus vigoureusement et en qui se gravaient, pour ne plus s'effacer, ces impressions profondes qui forment les générations sacerdotales fortes et préparées au sacrifice. Qui n'a pas conservé dans son cœur le souvenir de quelques-unes de ces instructions données à l'époque des retraites ou aux principales fêtes de l'année ? Aux heures les plus pénibles de son ministère , qui ne se rappelle un texte des divines Écritures , commenté par cette bouche éloquente et qui lui montrait par avance la consolation succédant à la peine , le succès couronnant le zèle , la joie sainte récompensant la justice persécutée ou bien victime de la violence et de l'ingratitude? Bonnes et saintes paroles qui restent comme un parfum dans l'âme qui les a entendues.

A ceux qu'une confiance spéciale appelait plus souvent auprès de lui, il serait permis de dire combien cette parole devenait ferme et décisive devant les hésitations d'une conscience scrupuleuse ou peu formée , combien son coup-d'œil était pénétrant sur les volontés encore mobiles ou inconstantes , sa sévérité calme dans le maintien de la règle et du devoir, son indulgence paternelle devant l'humble aveu de l'inexpérience ou l'expression franche et sincère de la bonne volonté. Il en coûtait peu de faire ces aveux à un semblable confident, moins encore de recevoir ses avertissements ou même ses reproches : épreuve salutaire dont l'élève du sanctuaire reconnaissait bientôt tout le prix.

La sagesse et l'habileté d'une semblable direction avaient attiré dès les premiers temps l'attention de Mgr Giraud : elle ne pouvait échapper à son regard exércé et à sa parfaite pénétration. Aussi les témoignages de sa confiance et de sa haute considération se multipliaient-ils de jour en jour. Retenus quelque temps dans les conditions nécessairement restreintes des rapports particuliers, ils eurent bientôt leurs manifestations plus éclatantes. Une stalle de chanoine-titulaire devenue vacante en 1845 est offerte au digne supérieur du Grand-Séminaire. Trois mois plus tard , le sacre de Mgr Wicart, vicaire-général de Cambrai, nommé à l'évêché de Fréjus, devient l'occasion d'une nouvelle promotion. Mgr Giraud partage l'archidiaconé de Lille et donne à M. Leleu , avec le titre de vicaire-général, celui d'archidiacre des arrondissements de Dunkerque et d'Hazebrouck. Ainsi s'accumulaient sur cette tête chérie et vénérée toutes les charges et tous les titres que comportait sa haute et importante mission. Et douze ans encore, M. Leleu continuera de distribuer aux élèves de notre beau et florissant séminaire de Cambrai les fruits d'une sagesse de plus en plus appréciée.

Un jour de deuil arriva cependant. Le cardinal Giraud, de douce et illustre mémoire, descendit au tombeau, et auprès de sa dépouille mortelle furent élus les prêtres qui devaient continuer son administration jusqu'à l'arrivée d'un successeur. Ce douloureux témoignage de la confiance du clergé fut accordé à M. Leleu qui, quelques mois plus tard, remettait, comme ses vénérés collègues, son autorité capitulaire au zélé Pontife à qui la Providence confiait le gouvernement de l'Eglise de Cambrai. Que pourrions-nous ajouter à ces témoignages de la confiance, de l'affection et du respect? Rien, si ce n'est que le nouvel Archevêque daignait y ajouter encore bien souvent l'abandon d'une familiarité agréable, par laquelle il cherchait à égayer un caractère naturellement épanoui et qui commençait à ressentir les influences de la douleur et des infirmités.

Ces infirmités furent précoces et leur premier résultat fut de faire désirer à M. Leleu un changement dans sa position. Déjà, dès les premières atteintes du mal, sa conscience délicate et trop vite inquiète lui persuadait qu'il devait abandonner un fardeau au-dessus de ses forces. On accorda à ses instances réitérées non de quitter sa place de supérieur, mais de se décharger d'une partie de ses fonctions sur un pieux et zélé directeur de son choix.

Il y ajouta encore, pour suivre d'honorables et affectueux conseils, un repos plus prolongé après les fatigues de l'année et des retraites ecclésiastiques. Son cœur aimant trouva dans des visites auprès d'excellents amis, anciens collègues ou condisciples, une véritable jouissance, bien partagée par ceux qui avaient l'heureux avantage de le recevoir ou de le rencontrer. Beaucoup savent combien ces quelques mots, qui trouvent ici leur place bien légitime, rappellent de sages entretiens et de charmantes récréations. Mais avant tout c'est vers son pays et sa famille que le cœur du bon supérieur lui faisait diriger ses pas.

M. Leleu aimait beaucoup son village natal. Chaque année il y passait quelques jours de ses vacances. Se délasser de ses fatigues au milieu des siens était pour lui une récréation. A différents intervalles il visitait ses parents et ses connaissances du jeune âge. Il prenait part à leurs joies comme à leurs peines, s'entretenait cordialement avec eux de leur famille, de leurs affaires, de tout ce qui pouvait les intéresser. Aussi tous le regardaient comme un ami, comme un consolateur, et l'honoraient comme un homme de Dieu.

Le curé de la paroisse avait, on peut le dire, une place particulière dans son cœur et les rapports qu'il entretenait avec lui ne sauraient être exprimés que par celui qui a eu l'honneur et le bonheur d'en jouir. Il l'encourageait dans toutes ses entreprises, lui donnait les meilleurs conseils, l'aidait généreusement, selon la mesure de ses faibles ressources, dans l'établissement des principales Œuvres paroissiales.

M. Leleu ne s'occupait pas seulement des personnes plus avancées en âge : les petits enfants étaient pour lui l'objet d'une spéciale prédilection. A peine arrivé à Auchy, il se donnait le doux plaisir d'aller visiter les classes. Là il interrogeait jusqu'aux plus jeunes élèves, les encourageait, et leur adressait d'affectueuses paroles qui allaient bien à leur cœur. A le voir ainsi au milieu de cette portion choisie du troupeau de Jésus-Christ, on pensait nécessairement au Sauveur lui-même, appelant les petits enfants et disant à ses apôtres : « Laissez-les approcher de moi. » A peine était-il entré dans l'école que toutes les figures s'épanouissaient. Un aimable sourire passait sur tous les visages : le contentement était général, c'était comme un jour de fête.

Ce dernier mot nous ramène encore et surtout au sein de sa chère famille. Longtemps il fut donné d'y contempler cette nombreuse génération, réunie comme aux beaux jours de l'enfance, et formant une sorte de couronne d'honneur autour d'une mère vénérée, bien digne de tels enfants. M. Leleu, qui la revoyait moins souvent, se distinguait alors entre tous par les égards et les délicatesses que lui dictait sa foi autant que son cœur. Dans cet intérieur où tout respirait le respect, l'obéissance et les douces affections du cœur, c'était un ravissant spectacle de voir le prêtre de Jésus-Christ, dans la plénitude de l'âge déjà et élevé aux honneurs ecclésiastiques, incliner son front sous la bénédiction de cette mère chérie avec la simplicité des petits enfants, ses neveux et ses nièces, qui demandaient la bénédiction aux auteurs de leurs jours. Ainsi leur donnait-il à tous cette grande leçon de respect, qui les préparait à mieux recevoir encore les paroles d'une tendresse particulière que lui inspirait son cœur.

Ces causeries paternelles avec les plus jeunes enfants devinrent une des récréations ordinaires de M. Leleu, lorsque sa retraite du grand Séminaire, au mois d'août 1857, lui permit de suivre plus habituellement cet attrait de son zèle et de sa foi. Son langage auprès d'eux avait une fraîcheur d'images et un parfum de piété douce et enfantine, que ceux qui l'ont entendu s'étonnaient de rencontrer sur des lèvres accoutumées à des accents énergiques et à de hautes et sublimes considérations. Si graves que fussent déjà ses infirmités, il voulut bien plusieurs années faire un cours d'instruction religieuse aux élèves des écoles de la Sagesse, et telle était alors sa jouissance qu'il semblait en perdre jusqu'au sentiment de ses douleurs.

Entre-temps, M. Leleu vaquait avec sa tranquillité habituelle aux occupations que lui créaient chaque jour les charges et les fonctions qu'il avait dû conserver même après sa retraite du séminaire. Alors aussi, comme dans ses années les plus vigoureuses, il consacrait de longues heures à la lecture des divines Écritures. Là il puisait toujours, pour les nombreux ecclésiastiques qu'il dirigeait et pour lui-même, des lumières, des conseils et des consolations.

Le moment approchait où ces consolations surtout allaient lui devenir plus nécessaires. Ses infirmités s'aggravaient. Une apoplexie qui le frappe tout-à-coup, paralyse le côté droit et lui enlève pour toujours l'inappréciable bonheur de célébrer les divins Mystères.

L'épreuve prenait déjà son caractère le plus ordinaire dans les âmes d'une éminente vertu : elle ravissait à M. Leleu le bienl e plus précieux et pour lequel un prêtre serait disposé à faire tous les sacrifices. Il fallait donc renoncer à monter au saint autel où, depuis quarante ans, son cœur sacerdotal avait retrouvé chaque jour comme une nouvelle jeunesse. Et alors commença, pour durer six longues années, en toutes saisons et à l'heure la plus matinale, cette pénible marche jusqu'à la chapelle de Saint-Charles où il pouvait recevoir la divine Eucharistie. Consolation ineffable dans une si douloureuse privation ! Bonheur suprême qu'il goûta jusqu'au jour même de son passage à l'éternité.

L'épreuve commencée continue son cours : la vue s'affaiblit et il faut renoncer aux lectures sacrées qui faisaient le charme et la douceur de ses longs loisirs. La mémoire elle-même ressent le contre-coup d'une nouvelle attaque et perd en grande partie les trésors qu'elle avait accumulés. « Le Seigneur a donné, dit-il alors, le Seigneur a ôté ; il a été fait comme il a plu au Seigneur ; que le nom du Seigneur soit béni ! » Il ne restait plus à M. Leleu que ce qui ne manque jamais au prêtre animé de l'esprit de Jésus-Christ : la méditation des grands mystères de la foi et des vérités éternelles.

Il restait aussi le chapelet : le chapelet « qu'il ne se souvenait point, disait-il avec simplicité, d'avoir oublié une seule fois depuis son ordination. »

Nous voudrions arrêter ici l'exposé de ces épreuves par lesquelles il plût à Dieu de faire passer notre cher défunt, et, en présence d'un grand deuil encore récent, il nous en coûte de rappeler d'autres noms toujours chers. Mais la foi n'est point exposée aux défaillances de la nature, et la pensée chrétienne qui a soutenu les courages dans ces pertes si cruelles pour le cœur, saura les fortifier devant ce douloureux souvenir. Complétons donc notre récit.

On le sait : deux ans déjà avant sa retraite du Grand-Séminaire, M. Leleu avait vu tomber son frère aîné, dont le zèle sacerdotal avait fait un auxiliaire si précieux pour le pensionnat d'Auchy. Peu d'années après, un coup non moins subit atteignait son frère puiné, et ce coup devenait pour M. Leleu comme la menace d'une mort semblable et prochaine. Cependant la mort devait encore frapper auparavant le troisième frère et le plus jeune de la famille. Et cette dernière perte devenait plus affligeante encore, puisque les déchirements de la nature étaient plus multipliés et plus sensibles, et qu'avec le frère, l'époux et le père tendrement aimé disparaissait le directeur habile d'une importante maison d'éducation.

Pendant que ces deuils se renouvelaient à des intervalles si rapprochés, et avec un redoublement d'angoisse et de peine, la paralysie continuait son œuvre, lentement, profondément, douloureusement. Les membres devenaient plus rebelles à la volonté, la vue plus affaiblie, la langue plus embarrassée, la marche plus pénible. Mais tous ces dépérissements du corps ne pouvaient atteindre ni l'intelligence ni le cœur du cher malade; moins encore son âme que cette longue et douloureuse infirmité achevait d'élever, nous osons le dire, à l'héroïsme de la vertu. Et ainsi, après avoir consacré son existence à apprendre aux futurs ministres du sanctuaire comment vit un bon prêtre, il apprit, nous le répétons avec bonheur après une bouche vénérée, par de longues infirmités saintement supportées, comment un prêtre doit savoir souffrir et mourir.

La leçon était maintenant complète. Les souffrances du cœur et du corps étaient tombées sur lui, pour ainsi dire, comme sur une proie. La dernière heure approchait et elle le trouva aussi calme, aussi patient qu'au début de sa maladie. Une première crise, huit jours avant sa mort, lui avait fait demander le sacrement des malades, et il n'en continua pas moins de se faire traîner plutôt que conduire, chaque matin, jusqu'à la chapelle de Saint-Charles, pour y recevoir le Pain des forts, la divine Eucharistie. La fête du Saint-Rosaire arriva, et ce dimanche, qui ramenait une solennité si chère à son cœur, le vit encore, à deux pas de l'autel, jouissant du même bonheur. Puis rentré dans sa chambre, il prit et reprit, avec une piété plus sensible, ce chapelet qui avait pour lui en ce jour des douceurs particulières. Rien jusqu'aux approches du soir n'annonçait la crise suprême et dernière. Vers cinq heures cependant un malaise presque subit inspira des inquiétudes. Un instant apaisées par le calme qui se rétablit dans toutes les facultés du malade, elles renaissent bientôt plus graves. La crise semblait se prolonger. Un nouveau calme se produit : cette fois c'était le calme de la mort, de la mort douce et sans agonie. Assis dans son fauteuil, son chapelet à la main, on le croyait achevant un *Ave, Maria,* et il était passé au repos du Seigneur. Ainsi mourut, comme il avait vécu, simplement et pieusement, le cher et bien-aimé M. Leleu, laissant à sa famille un beau et touchant souvenir, et à tout le clergé du diocèse de Cambrai un modèle de vertu sacerdotale.

O père vénéré et aimé! Que ce souvenir incomplet et bien imparfait de votre sainte vie soit du moins pour vos nombreux amis et vos enfants une consolation dans leur douleur, et un salutaire enseignement. Votre nom gravé bientôt sur la pierre d'un modeste tombeau nous rappellera à tous des jours heureux, et les chants sacrés qui, chaque année, au jour anniversaire de votre mort, monteront vers le Ciel, rediront à nos plus jeunes frères dans la sainte milice comment nous savons apprécier le bonheur d'une excellente éducation sacerdotale.

Imp. Béhague.